BEI GRIN MACHT SICH IHR
WISSEN BEZAHLT

AF166488

- Wir veröffentlichen Ihre Hausarbeit,
  Bachelor- und Masterarbeit

- Ihr eigenes eBook und Buch -
  weltweit in allen wichtigen Shops

- Verdienen Sie an jedem Verkauf

Jetzt bei www.GRIN.com hochladen
und kostenlos publizieren

GRIN

Sportmarketinganalyse am Beispiel der TSG 1899 Hoffenheim

G R I N :)

Bibliografische Information der Deutschen Nationalbibliothek:

Die Deutsche Nationalbibliothek verzeichnet diese Publikation in der Deutschen Nationalbibliografie; detaillierte bibliografische Daten sind im Internet über http://dnb.d-nb.de abrufbar.

ISBN: 9783346675354
Dieses Buch ist auch als E-Book erhältlich.

Druck und Bindung: Books on Demand GmbH, Norderstedt Germany
Gedruckt auf säurefreiem Papier aus verantwortungsvollen Quellen

Das vorliegende Werk wurde sorgfältig erarbeitet. Dennoch übernehmen Autoren und Verlag für die Richtigkeit von Angaben, Hinweisen, Links und Ratschlägen sowie eventuelle Druckfehler keine Haftung.

Das Buch bei GRIN: https://www.grin.com/document/1245782

Hausarbeit

Studiengang	Bachelor of Arts Sportökonomie
Studienmodul	Sportmarketing
Datum Präsenzphase (siehe Ergebnisdokumentation)	18.10.2021 – 20.10.2021
Aufgabe	Prüfungsleistung Hausarbeit

Inhaltsverzeichnis

1 SWOT-Analyse der TSG 1899 Hoffenheim

1.1 Ressourcenanalyse- Stärken und Schwächen

Eine erste Stärke des Fußballvereins ist definitiv die Jugendarbeit. „Im Jahr 2012 wurde die achtzehn99 AKADEMIE das erste Mal mit der Höchstauszeichnung von drei Sternen ausgezeichnet und gehört seitdem zu den besten Ausbildungszentren in Deutschland" (Görlich & Mayer, 2018, S.20). Der sportliche Erfolg der letzten Jahre ist auch als Stärke des Vereins zu nennen. Sie konnten sich beispielsweise in der Saison 18/19 erstmals auf der größten europäischen Bühne, der Uefa Champions League präsentieren. Dabei haben sie mit Spielen gegen die größten Vereine Europas, wie Manchester City für Aufmerksamkeit in den Medien gesorgt. Zudem waren sie 17/18 erstmals für die Europa League qualifiziert. Nach einem Jahr ohne internationalen Fußball scheiterten sie leider in der Zwischenrunde für die Europa League Saison 20/21 an Molde FK (Transfermarkt, 2021). Als weitere Stärke ist die Innovationskraft des Vereins zu nennen. Sie sind dadurch innerhalb weniger Jahre als ein Dorfverein in die Bundesliga aufgestiegen (Görlich & Mayer, 2018, S.15) und haben sich wie oben genannt auf der größten Europäischen Bühne beweisen dürfen.

Eine Schwäche der TSG 1899 Hoffenheim ist die fehlende Tradition des Vereins. Durch diese Unbeliebtheit weist die TSG lediglich ca. 10.000 Mitglieder auf. Sie liegen damit auf Rang 17 der mitgliederstärksten Vereine (Zeppenfeld, 2021). Für einen solchen Club sollte dort der Anspruch wesentlich höher liegen. Im Gegensatz zu den deutschen Traditionsvereinen wie Bayern, Hamburg, Schalke, Dortmund und Köln bringt die TSG ein schlechtes Image mit und ist als sogenannter Plastikverein verrufen. Eine weitere Schwäche ist die Finanzielle Lage der TSG nach der Corona Pandemie. Die Rede ist von signifikanten achtstelligen Beträgen an Umsatzeinbrüchen pro Saison (SWR Sport, 2021). Nach der finanziellen Unabhängigkeit von Mehrheitseigner Dietmar Hopp spricht man dennoch nicht von Existenzsorgen.

1.2 Analyse der Unternehmensumwelt- Chancen und Risiken

Eine große Chance bietet nach wie vor der sportliche Erfolg. Durch eine gute Bundesliga Platzierung kann ein höherer wirtschaftlicher Erfolg und ein besseres nationales Ansehen geschaffen werden. Infolgedessen kann erneut international gespielt werden. Dadurch wird auch das internationale Ansehen gestärkt und es könnten sich neue lukrative Chancen mit Sponsoren auftun. Zudem baut die TSG ihr Vereinsnetzwerk weiter aus. Nach der Kooperation mit dem MLS Klub FC Cincinnati entsteht womöglich ein Dreierbündnis mit dem in der Hauptstadt Ghanas Accra ansässigen Erstligisten Hearts of Oaks. „Als gemeinsame Aufgabengebiete der ‚Common Value Club Alliance' wurden die Ausbildung, die gesellschaftliche Wirkung der Klubs (…) und die Entwicklung nachhaltiger, zukunftsweisender Geschäftsmodelle definiert" (Martin, 2021). Durch dieses Vereinsnetzwerk bietet sich die Chance schnell auf neue Talente aufmerksam zu werden, um sie früh in der Jugendakademie perfekt auf den Profibereich vorzubereiten.

Als großes Risiko stellt sich der Verlust von Leistungsträgern bei herausragender Leistung im nationalen sowie im internationalen Fußballgeschäft dar. Größere Vereine werden aufmerksam auf Spieler, welche sich in den Topspielen beweisen. Diese wechseln dann oft zu einem erfolgreicheren Club, um den nächsten Schritt in ihrer Karriere zu wagen (siehe Roberto Firmino zum FC Liverpool 2015/16 für 41 Millionen Euro). Ein nächstes Risiko bildet die möglich fehlende Wettbewerbsfähigkeit in Sachen Gehaltsforderungen nach einem erfolgreichen Jahr. Da in der Königsklasse (Uefa Champions League) die erfolgreichsten und reichsten Vereine der Geschichte mitspielen, ist dort der Standard der Gehälter sehr hoch. Das kann schnell zu Unzufriedenheit der Spieler oder dem Trainer führen. Ein weiteres Risiko könnte der Verlust von Sponsoren sein. Wenn der Verein über mehrere Jahre nicht am internationalen Geschäft teilnimmt und sich beispielsweise mit dem Abstieg beschäftigen muss, ist es möglich, dass die Erwartungen der Sponsoren nicht gerecht werden und diese abspringen.

1.3 SWOT-Matrix

Tabelle 1: SWOT-Matrix

	Chancen (Opportunities) -sportlicher Erfolg -lukrative Sponsoringdeals -Vereinsnetzwerk	Risiken (Threats) -Verlust von Leistungsträgern -fehlende Wettbewerbsfähigkeit -Verlust von Sponsoren
Stärken (Strenghts) -Jugendarbeit -Sportlicher Erfolg -Innovationskraft	S-O-Strategie -Förderung der Jugendarbeit für sinkende Transferkosten -Mehreinnahmen durch Erfolg	S-T-Strategie -Mehreinnahmen durch Verkauf von Jugendspielern -halten von Leistungsträgern, um Erfolg zu sichern
Schwächen (Weaknesses) -Fehlende Tradition -Schlechtes Image -Umsatzeinbrüche	W-O-Strategie -steigende Mitgliedzahlen durch Erfolg -Umsatzsteigerung durch mehr Zuschauer im Stadion	W-T-Strategie -Traditionsproblem durch Heimatverbundenheit verbessern -Imageverbesserung durch neuen Sponsoringplan

1.3.1 S-O-Strategien

Eine erste Strategie wäre die weitere Förderung der Jugendarbeit, um sich einige Transferausgaben sparen zu können. Wenn jedes Jahr zwei bis drei Akteure aus der Jugendakademie kommen, welche die Qualität besitzen im Profikader mitzuhalten, kann sich der Verein einiges an Transferausgaben sparen. Durch Kooperationen wie o.g. sollte eine sehr gute Basis für die Zukunft der Jugendarbeit gelegt sein.

Eine weiter Strategie wären die Mehreinnahmen durch den sportlichen Erfolg. Indem der Verein sich jedes Jahr für einen internationalen Wettbewerb qualifiziert, kann man dort sehr gute Teilnahmegelder erwarten. Dies resultiert aus einer guten Bundesliga-Platzierung, welche mit einer höheren Gewinnausschüttung zusammenhängt.

1.3.2   W-O-Strategien

Die schlechten Mitgliederzahlen sollen durch den sportlichen Erfolg gesteigert werden. Sie können zudem durch Gewinnspiele oder Aktionen wie Mitglied wirbt Mitglied verbessert werden. Beispielsweise hat ein Mitglied die Möglichkeit ein Meet and Greet mit einem Profi im Stadion der TSG Hoffenheim zu gewinnen, wenn er innerhalb der Hinrunde Fünf neue Mitglieder anwirbt.

Indem man den Stadionbesuch so sicher wie möglich gestaltet, können Umsatzeinbrüche durch Corona aufgefangen werden. Da durch Corona möglicherweise viele Leute sich noch zu unsicher sind wieder ins Fußballstadion zu gehen, sollte dort vom Verein vorangegangen werden und den Fans ein sicherer und Hygienischer Aufenthalt versprochen werden. Wenn diese Angst genommen wird, könnte der Andrang für den Stadionbesuch und der Umsatz aus Eintrittskarten steigen.

1.3.3   S-T-Strategien

Durch den Verkauf von Spielern aus der eigenen Jugend können die Einbuße in den letzten Jahren kompensiert werden. Da Jugendspieler billig in ihrer Ausbildung sind kann ein noch größerer Gewinn erzielt werden, wenn ein anderer Verein bereit ist einen lukrativen Betrag aufzubringen.

Um den sportlichen Erfolg in den nächsten Jahren beizubehalten, gilt es die Leistungsträger solange es geht zu halten. Dies kann durch neue Verträge mit anschaulichen Prämien gewährleistet werden. Sobald der Leistungsträger seiner Aufgabe gerecht wird, sollte der sportliche Erfolg erzielt werden. Falls dies nicht der Fall ist kann immer noch ein Verkauf des Leistungsträgers in Betracht gezogen werden, dann gilt es aber einen gerechten Nachfolger dafür zu finden.

1.3.4   W-T-Strategien

Mit der finanziellen Unabhängigkeit von Dietmar Hopp ist ein richtiger Schritt gegen das Traditionsproblem gemacht worden. Wenn man jetzt durch mehr Heimat-Verbundenheit ein Zeichen setzt, kann der Spott und das dadurch verbundene schlechte Image abgewandt werden. Durch Aktionstage wie beispielsweise eine Rückkehr für ein Manschaftstraining zum ersten Fußballplatz des Dorfvereins mit anschließender Fragerunde an die Profis könnte eine Verbindung zu den Einwohnern schaffen. Die Aktion soll den anderen Clubs und Fans zeigen, dass man nicht vergessen hat, wo man als kleiner Dorfverein angefangen hat.

Zudem sollte nach dem neuen Imagekonzept ein neuer Sponsoringplan aufgestellt werden. Indem man sich mehr auf Start-Up Unternehmen aus der Region konzentriert, kann man nach und nach die großen Sponsoren abbauen und somit große Erwartungen verhindern. Da man den Start-Ups Vertrauen geschenkt hat, sollten sie den Verein auch bei einer nicht so erfolgreichen Saison, trotzdem unterstützen.

2 Merchandising und Licensing

Im Folgenden wird ein Merchandisingkonzept für einen Volleyballverein erstellt, der in diesem Jahr sein 30-jähriges Jubiläum feiert.

2.1 Wer

Als Geschäftsmodell wird die Auslagerung betrieblicher Teilfunktionen gewählt. Diese Entscheidung liegt dem fehlenden Fachwissen und zeitlichem Verfügungsrahmen zugrunde. Ausgewählt wurde hierfür ein regionales Merchandising-Unternehmen, welches sich genau für solche Aktionen anbietet. Dabei liegt der Fokus rein auf der Produktion jeglicher Fan-Artikel, den Verkauf übernimmt der Verein durch ehrenamtliche Arbeiter, sowohl am 30-jährigen Jubiläum, als auch in Zukunft bei Veranstaltungen oder Turnieren. Zudem bietet der Verein auch eine monatliche Bestellung auf Nachfrage an. Immer zum 15. des Monats werden alle gesammelten Bestellungen an das Merchandising Unternehmen weitergeleitet. Nach ca. zwei bis drei Wochen treffen die Artikel dann im Verein ein und stehen zur Abholung bereit.

2.2 Was

Produkt	Bezug	Merkmale
Trikot der Profimannschaften	Primärer Bezug zum Spielgeschehen (Saisonspezifisch)	Mit oder ohne Spieler-Druck in den Vereinsfarben mit Vereinslogo
Jubiläums-Trikot	Primärer Bezug zum Spielgeschehen (Aktionsspezifisch)	Angelehnt an das erste Trikot des Vereins mit „seit 1987" Aufdruck (Gründungsjahr)
Fan-Schal (Jubiläums-Optik)	Primärer Bezug zum Stadiongeschehen (Saisonunabhängig)	Mit großem „1987" Aufdruck (Gründungsjahr) in Vereinsfarben
Balltasche	Primärer Bezug zum Alltag (Saisonunabhängig)	Kleine Tasche in Volleyballoptik in Vereinsfarben
Schlüsselanhänger	Primärer Bezug zum Alltag (Saisonunabhängig)	Kleiner Volleyball in Vereinsfarben
Saison-Wandkalender (Jubiläums-Optik)	Primärer Bezug zum Alltag (Saisonspezifisch)	Kalender mit den erfolgreichsten Mannschaften/Ereignissen pro Monat

Die ersten drei Fan-Artikel (Trikot der Profimannschaften, Jubiläums-Trikot, Fan-Schal) sind dem Kernsortiment zuzuordnen. Sie werden normalerweise zum Wettkampfbesuch von den Fans geführt. Die anderen drei Artikel (Schlüsselanhänger, Balltasche, Saison-Wandkalender) sind aus dem Zusatzsortiment, was meistens eher den Bezug zum Alltag besitzt. Die Hälfte der Artikel hat direkten Bezug zum Jubiläum. Nach dem Event wird das Jubiläums-Trikot und der Saisonkalender weiterhin zum Sortiment gehören, der Fan-Schal wird danach in Vereinsfarben mit dem Wappen verfügbar sein.

2.3 Wem

Als Zielgruppe für das Merchandisingkonzept wurden in erster Linie die Fans des Vereins gewählt. Also alle, die eine gewisse Vereinstreue bzw. eine Beziehung zum Verein besitzen. Diejenigen die bei jedem Turnier oder Spiel dabei sind sollen in Erwägung ziehen, die Spieler mehr zu unterstützen, indem sie dabei einen ihrer Namen auf den Rücken tragen. Zudem wurden insgesamt Anhänger des Breiten- und Profisports und Familienangehörige der Vereinsanhänger bedacht. Hierbei sollen die Leute angesprochen werden, die sich mit dem Sport identifizieren können oder einfach einen gewissen Bezug zum

Verein besitzen. Bei allen Zielgruppen spielt das Alter oder Geschlecht keine Rolle, da der Verein als sehr freundlich und familiär beschrieben wird. Kinder und Jugendliche werden durch gewisse Schul-AGs ebenfalls angesprochen.

2.4 Bedingungen

Es wurde die Abschöpfungspreispolitik als preispolitische Strategie gewählt. Hierbei sind in der Einführungsphase hohe Preise festgelegt, welche sich nach aufkommender Nachfrageschwäche sukzessiv reduzieren. Das 30-jährige Jubiläum gilt perfekt als Einstieg in das Merchandisingkonzept. Nachdem die Nachfrage am Start des Jubiläums als sehr hoch erwartet wird, werden die Einstiegspreise der Artikel aus dem Kernsortiment und die mit direktem Bezug zum Jubiläum relativ hoch sein. Nachdem die erste Nachfrage der Kaufkräftigsten Fans gestillt ist, kann nach dem Event mit einer Reduzierung des Preises gerechnet werden. Bei Artikeln wie dem Schlüsselanhänger beispielsweise greift man jedoch zu einer anderen Strategie, der Penetrationspreispolitik. Hier wird ein niedriger Preis festgesetzt, um große Absatzmengen bei niedrigen Stückkosten zu erzielen.

2.5 Kanäle

Vertrieben werden die Artikel nur durch den Eigenvertrieb. Am Event übernehmen ehrenamtliche Mitarbeiter den Verkauf an drei Verkaufsstellen auf dem Gelände. Diese kommen ebenso bei anderen Veranstaltungen und Turnieren zum Einsatz. Wenn im Moment kein Event ansteht, übernimmt die anliegende Gastronomie den Verkauf der Artikel. Sie nehmen zudem auch die Bestellungen auf, die dann ebenso ein ehrenamtliches Mitglied an das Merchandising Unternehmen weiterleitet. Grund für diese Vertriebswege sind die freundliche und familiäre Vereinsphilosophie. Sollte jedoch die Nachfrage der Fanartikel in Zukunft steigen, werden Fremde Vertriebswege, wie über den sportnahen Einzelhandel in Betracht gezogen.

2.6 Begleitmaßnahmen

In den zwei Monaten vor dem Jubiläum, will der Verein per Flyer die Leute auffordern zum Event zu kommen. Der Flyer wird zweimal über das Stadtmagazin, welches jeden Monat erscheint, im Prinzip in jedem Haushalt der Stadt ausgeliefert. Der Flyer enthält eine Herzliche Einladung zu dem Event, mit einem abreisbaren Gutschein für einen 10% Gutschein für den kompletten Kauf beim neuen Fan-Artikel-Shop. Meldet man zusätzlich noch ein neues Mitglied im Verein mit an, erhält man sogar 15% plus den Schlüsselanhänger gratis. Das soll dazu verhelfen, neue und vor allem junge Mitglieder im Verein zu bekommen. Beispielsweise sehen die Eltern eines sportinteressierten Kindes den Flyer und entscheiden sich, ihr Kind beim Verein anzumelden.

Des Weiteren wird es eine kurze Werbemaßnahme in den Social-Media-Kanälen geben. Die Anzeige soll in Facebook und Instagram jeweils 5 Tage einmal drei Wochen und einmal eine Woche vor dem großen Event ausgestrahlt werden. Hierbei werden zwei junge Leute mit dem historischen Trikot, dem Schal und der neuen Balltasche dargestellt, die den Leser der Anzeige auffordern unbedingt am Jubiläum teilzunehmen. Es wird auf einen Link hingewiesen, bei dem man sich vorab anmelden kann, um sich einen 5 Euro Gutschein in der anliegenden Gastronomie zu sichern. Bei der Anmeldung muss man lediglich Namen und E-Mail-Adresse angeben. Mit der erhaltenden Bestätigungsemail muss man am Tag des Jubiläums nur zur Anmeldung gehen, um den Gutschein zu erhalten. Dabei sollen erneut junge Erwachsene angesprochen werden, um den Verein weiterhin mit neuen Mitgliedern oder Fans zu bereichern.

2.7 Zeitraum

Das Konzept fängt mit der Planung des Artikelsortiments schon sechs Monate vor dem Jubiläum an. Zwei Monate vor dem Event werden die erstes Kommunikationsmaßnahmen an die Öffentlichkeit gelangen. Nachdem eine erste Nachfrage für das Jubiläum vier Wochen vorher eingeschätzt wird, werden die Artikel ausreichend produziert. Nachdem das Event vorbei ist, werden über das Controlling alle Konzepte durchgesprochen und bewertet. Wenn alles nach Plan verlaufen ist, sollten die Punkte Kanäle, Zielgruppe und Begleitmaßnahmen erneut aufgesetzt werden, um ein stabiles Merchandisingkonzept für die nächsten sechs Monate gewährleisten zu können.

3   Digitalisierung

3.1 Darstellung des Vereins

Der hypothetische Jugendorientierte Mehrspartenverein bietet im Breiten- und Leistungs-
sport-Bereich neben den vier Ballsportarten Fußball, Handball, Tennis und Volleyball
auch noch ein Training im Fitnessstudio an. Der Verein besitzt ca. 2000 Mitglieder und
hat 10 bezahlte und rund 40 ehrenamtliche Mitarbeiter. Die Social-Media-Aktivität des
Vereins ist noch nicht so ausgeprägt. In Instagram haben alle Abteilungen zusammenge-
zählt rund 400 Follower. Die Aufmerksamkeit bei den Heimspielen der verschiedenen
Mannschaften ist bei guter Leistung eher schlecht bis ausreichend besucht.

3.2 Zielgruppen

Zum einem stellt die Zielgruppe die Akteure im Verein dar. Durch das Verbreiten der
App vor allem in der Jugend, soll der Bekanntheitsgrad des Vereins zunehmen. Im heutigen Zeitalter dreht sich in der Jugend alles um Apps, Social-Media Posts oder sonstiges.
Indem die Akteure des Vereins erstaunt die App ihres Heimatvereins beispielsweise in
der Schule verbreiten, soll dies die Anzahl der Follower im nächsten halben Jahr auf ca.
700 Follower für alle Abteilungen erhöhen. Zudem soll das Verbreiten der App durch die
älteren Mitglieder des Vereins die Aufmerksamkeit der Heimspiele erhöhen. Indem sie
in ihrem Alltag von dem großen Event berichten, welches beispielsweise am kommenden
Wochenende ansteht, sollen mehr Leute aufgefordert werden den Besucherdurchschnitt
anzuheben. Bei einem Heimspiel der Fußballmannschaft waren im Schnitt rund 50-75
Zuschauer vor Ort. Durch das Verbreiten der App soll dies um mindestens 50% im nächsten halben Jahr gesteigert werden.

Zum anderen stellt die Zielgruppe den normalen sportinteressierten Menschen dar, der
durch die App erreicht werden soll. Dabei sollen vor allem die jungen Erwachsenen angesprochen werden, welche möglicherweise kleine Kinder haben, die noch nicht in einem
Verein angemeldet sind. Jedoch können auch die Eltern der Kinder noch Mitglied im
Verein werden, um beispielsweise im Fitnessstudio trainieren zu gehen. Ziel ist es hierbei,
die Mitgliederzahl, um rund 15% im nächsten Jahr zu steigern. Zudem soll durch das
Verbreiten der App außerhalb der Heimatstadt Leute anziehen, welche an einem Sporte-
vent teilnehmen möchten. Ziel ist dabei durch das Vergrößern der Reichweite von einem

Heimspieltag beispielsweise die Umsätze, um rund 20% zu steigern. Dies sollte in den nächsten sechs Monaten erreicht werden.

3.3 Inhalte der App

Tabelle 3:Inhalte der App

Themen	Mehrwert für den Kunden	Mehrwert für den User
Fitness Plan für die Winter/Sommerpause	-Entlastung der Trainerteams	-Spieler halten sich Fit wegen eines geregelten Plans
Newsfeed für Events, Neuanschaffungen, Transfers, auch Möglichkeit für Anregungen durch Kommentarfunktion	-Mehr Aufmerksamkeit für Events etc. -Entlastung der Veranstalter -enger Bezug zum User	-Immer Up-to-date -Vernetzung mit der Vereinsführung
Push Benachrichtigungen aller Ergebnisse	-Mehr Reichweite für großartige Leistungen der Teams	-Kein Ergebnis wird verpasst
Vernetzen der Mitglieder über einen Feed (Bilder, Videos von Spieltagen, Ereignissen)	-Mehr Verbundenheit der Abteilungen -Aufmerksamkeit für Spieler steigt	-Aufmerksamkeit für alle Abteilungen -Austausch mit den Spielern

3.4 Chancen und Risiken der App

Eine große Chance der App ist die Verbesserung bzw. die Vergrößerung der Reichweite und dem Bekanntheitsgrad des Vereins. Da die App auch Funktionen für den normalen Verbraucher hat, kann sich der Verein stetig auf neue Mitglieder und Anhänger freuen. Daraus erschließt die Steigerung der Umsätze. Natürlich steigen diese zum einen, wenn wir einen Mitgliederzuwachs verzeichnen können. Zum anderen werden bei einer erhöhten Besucherzahl bei den Sportevents durch ein ausreichendes Angebot die Umsätze steigen. Eine weitere Chance bietet klar die Abgrenzung zur Konkurrenz. Viele kleinere Vereine sind noch weit hinterher was die Digitalisierung betrifft, kommt jetzt jedoch ein Verein auf den Markt, der diese Lücke schließt und seinen Erwartungen gerecht wird, ist ein großer Andrang zu erwarten.

Ein Risiko beim Erstellen einer App ist immer das Szenario gehacked zu werden. In der heutigen Zeit kann man es leider nicht mehr ausschließen. Jedoch sollte es nicht zu dramatisch sein, da keine vertraulichen Daten in der App ausgetauscht werden. Falls man also gehacked werden sollte, dürfte das Problem schnell behoben sein. Ein weiteres Risiko stellt die Technik dar. Wenn eine solche App herausgebracht werden soll, ist es sehr wichtig sich genau mit der Technik zu befassen. Es würde kein gutes Bild auf die App abwerfen, wenn sie am Erscheinungstag abstürzt und dann drei Tage gewartet werden muss. Deshalb sollte die App mehrmals von Profis vor dem Start getestet werden.

3.5 Bekanntheitsgrad der App

Zum Einstieg zur Hilfe der Verbreitung der App im Verein intern, sollte die allgemeine Jahreshauptversammlung genutzt werden. Hierbei wird allen Vorgesetzten erklärt, wobei es sich um die App handelt. Diese sollen dann wiederum die App ihren Spielern nahebringen. Nachdem der Verein über die App aufgeklärt ist, geht es darum, Aufmerksamkeit in der Öffentlichkeit zu erzeugen. Hierbei sollte ein Infostand an den nächsten Heimspielen aufgestellt werden, an dem die App den Leuten nähergebracht wird. Zudem könnte der Infostand jedem der Teilnehmer einen Flyer mitgeben, der die wichtigsten Informationen, sowie das Erscheinungsdatum der App enthält. Wenn die App nun erschienen ist, sollte über einen Zeitungsbericht in der regionalen Zeitung darüber informiert werden. Dadurch werden die Leute angesprochen, die noch nichts mit dem Verein zu tun haben, aber dennoch Interesse zeigen. Eine weitere Möglichkeit wäre Influencer Marketing. Hierbei sollen vor allem die jungen Leute in den Social-Media-Kanälen erreicht werden. Entweder man sucht sich einen bekannten nicht zu großen Influencer aus der Region oder es gibt sogar Vereinsintern jemanden, der über eine gute Reichweite in den sozialen Netzwerken verfügt. Dieser soll dann in einer Story und einem Post kurz die App mit ihren Funktionen vorstellen. Um noch mehr Reiz zu erzeugen, kann er darauf hinweisen, dass Leute, die sich über seinen Link die App downloaden, im nächsten Heimspiel ein Freigetränk bekommen.

4 Sponsoring

4.1 Beschreibung des fiktiven Unternehmens

Das Wirtschafsunternehmen aus Baden-Württemberg ist ein regionaler Sportartikelhersteller für Erwachsene. Das Unternehmen vertreibt Wanderschuhe, Radlerklamotten, Funktionsshirts, Ski-Ausrüstung, Laufschuhe etc. Die Zielgruppe sind sportliche Erwachsene, die trotz ihrer Berufstätigkeit die Leidenschaft zum Sport beibehalten möchten. Das Angebot streckt sich über keine Kinder oder Jugendlichen Größen und auch keine Alltagsklamotten. Zudem sind es hauptsächlich qualitativ hochwertige Artikel, welche sich nur ein Berufstätiger Erwachsener leisten kann. Das Unternehmen verfügt seit letztem Jahr über einen einfachen Online-Shop. Dazu werden die Artikel in einem Outlet im größten Einkaufszentrum der Stadt angeboten. Die Stadt hat einen Radsport und Wanderverein mit ca. 1000 Mitgliedern, sie erhalten einmal im Monat einen Flyer mit den exklusiven Angeboten des Unternehmens. Zudem gibt es jede Woche einen Ausschnitt über die saisonalen Artikel in der regionalen Zeitung. Des Weiteren sind an den drei meistbefahrenen Straßen der Stadt große Werbeplakate aufgehängt. Für das Laufevent möchte das Unternehmen die Funktionsshirts stellen.

4.2 Ziele

In erster Linie soll durch das Sponsorship die Bekanntheit des Unternehmens, bzw. bestimmten Produkten gesteigert werden. Durch das Tragen der Funktionsshirts soll den 3500 Teilnehmern auffallen, wie hoch die Qualität der Shirts ist und dadurch das Interesse an anderen Produkten der Firma wecken. Zudem soll das Image gegenüber der bisherigen Kundschaft und dadurch die Kundenbindung verbessert werden. Durch das Sponsoring soll noch mehr Vertrauen zu den Leuten aus der Region aufgebaut werden. Sie sollen erkennen, dass das Umfeld und die Zielgruppe dem Unternehmen eine sehr wichtige Rolle spielen.

4.3 Schnittmengenanalyse der Zielgruppe

Die Zielgruppe des Laufevents sind Erwachsene ambitionierte Läufer jeglichen Alters aus der Region, die einerseits noch als sehr gute (10-km-Lauf) und sehr erfahrene Läufer (Halbmarathon) zu unterteilen sind. Insgesamt sind dort nur sportliche Erwachsene, die eine Leidenschaft für das Laufen haben. Die Zielgruppe des Unternehmens stellt insgesamt sportlich interessierte, Berufstätige Erwachsene dar. Daraus lässt sich schließen, dass die Schnittmenge beider Zielgruppen Erwachsene ist, die Wert auf Qualität legen, andere sportliche Aktivitäten neben dem Laufen ebenso interessant finden und gerne regionale Unternehmen unterstützen.

4.4 Sponsoring-Einzelmaßnahmen

Als erstes ist eine gemeinsame Pressearbeit mit dem Laufevent sowohl vor- als auch nach der Veranstaltung geplant. Hierbei wird sowohl im Voraus mittel der Print- und Online-Medien als auch nach der Veranstaltung bei jährlichen Berichten der regionalen Zeitungen auf das Unternehmen hingewiesen.

Hinzu kommt eine Vielzahl von Werbeplakaten auf der Strecke der Läufer, um auch die Zuschauer auf die Artikel des Unternehmens hinzuweisen.

Während der Veranstaltung können außerdem die Zuschauer der Teilnehmer an einem Gewinnspiel teilnehmen. Hierbei können sie ein Los für 5 Euro erwerben, wodurch sie ein Wander-Wochenende für 4 Personen gewinnen können. Die Kosten für die Unterkunft und das Equipment werden dafür komplett vom Unternehmen gestellt.

Zudem wurde vor dem Event geklärt, dass der 1750. Teilnehmer des Laufevents einen 50 Euro Gutschein zum Einkauf beim Sportartikelhersteller gewinnt. Dieser Gewinn wird dann bei der Siegerurkunde verliehen.

Jeder Läufer hat außerdem bei der Abholung der Startunterlagen neben dem Funktionsshirt eine kleine Stärkung für das Event vom Unternehmen bekommen. Dabei waren kleine Sticker des Unternehmens, Schweißbänder mit dem Unternehmenslogo und ein Proteinriegel enthalten.

4.5 Erfolgskontrolle des Sponsorships

Um den Erfolg der Sponsorships zu messen, wird zum einen eine Bekanntheitsumfrage in der Stadt vor und nach dem Event durchgeführt. Die Frage an die Leute ist, welche regionalen Unternehmen der Bevölkerung bekannt sind. Ziel ist hierbei einen positiven Einfluss auf das Unternehmen des Sportartikelherstellers zu verzeichnen.

Des Weiteren sollte eine Prozesskostenrechnung aufgestellt werden, ob die eingesetzten Kosten für den Sponsoringprozess zu viel oder zu wenig waren und sie soll Hinweise auf die Wertigkeit des Sponsorings bezeugen.

Ein Prozess-Audit kann dementsprechend dazu verhelfen, mögliche fehlerhafte Ansätze in Zukunft zu verbessern. Hierbei werden bestimmte Vorgänge und Arbeitsabläufe in der Planung und der Umsetzung des Sponsorships genauer überprüft.

5 Literaturverzeichnis

Görlich, P., Mayer, J., (2018). People Analytics im Profifußball Implikationen für die Wirtschaft. Meschede: SpringerGabler

Martin, P., (2021). TSG Hoffenheim will Netzwerk ausbauen: Gespräche mit Hearts of Oak und FC Cincinnati. Zugriff am: 22.10.2021. Verfügbar unter: https://www.transfermarkt.de/tsg-hoffenheim-will-netzwerk-ausbauen-gesprache-mit-hearts-of-oak-und-fc-cincinnati/view/news/393864

SWR-Sport., (2021). Finanzielle Rücklagen bei der TSG Hoffenheim "schnell aufgezehrt". Zugriff am: 22.10.2021. Verfügbar unter: https://www.swr.de/sport/fussball/1899-hoffenheim/artikel-tsg-1899-hoffenheim-umsatzeinbrueche-bei-der-tsg-hoffenheim-100.html

Transfermarkt., (2021). TSG 1899 Hoffenheim Pokalhistorie. Zugriff am: 22.10.2021. Verfügbar unter: https://www.transfermarkt.de/tsg-1899-hoffenheim/pokalhistorie/verein/533

Zeppenfeld, B., (2021). Statistiken zur 1899 TSG Hoffenheim. Zugriff am: 22.10.2021. Verfügbar unter: https://de.statista.com/themen/194/1899-hoffenheim/#dossierKeyfigures

6 Tabellenverzeichnis

BEI GRIN MACHT SICH IHR
WISSEN BEZAHLT

- Wir veröffentlichen Ihre Hausarbeit,
  Bachelor- und Masterarbeit

- Ihr eigenes eBook und Buch -
  weltweit in allen wichtigen Shops

- Verdienen Sie an jedem Verkauf

Jetzt bei www.GRIN.com hochladen
und kostenlos publizieren

Alltagsdiskriminierung gegenüber Studierenden mit Migrationshintergrund an einer Hochschule

Quantitative Forschung

Julia Kießhauer

Bibliografische Information der Deutschen Nationalbibliothek:

Die Deutsche Nationalbibliothek verzeichnet diese Publikation in der Deutschen Nationalbibliografie; detaillierte bibliografische Daten sind im Internet über http://dnb.d-nb.de abrufbar.

ISBN: 9783346575722
Dieses Buch ist auch als E-Book erhältlich.

Druck und Bindung: Books on Demand GmbH, Norderstedt Germany
Gedruckt auf säurefreiem Papier aus verantwortungsvollen Quellen

Das vorliegende Werk wurde sorgfältig erarbeitet. Dennoch übernehmen Autoren und Verlag für die Richtigkeit von Angaben, Hinweisen, Links und Ratschlägen sowie eventuelle Druckfehler keine Haftung.

Das Buch bei GRIN: https://www.grin.com/document/1161300

Forschungsbericht

Quantitative Forschung

Thema:

Alltagsdiskriminierung gegenüber Studierenden mit

Migrationshintergrund an der Hochschule N.

Forschungsfrage:
Inwieweit erfahren Studierende der Hochschule N. mit Migrationshintergrund in
ihrem alltäglichen Leben in N. Diskriminierung und in welchen
(Lebens)-Bereichen findet diese statt?

Fachbereich: Wirtschafts- und Sozialwissenschaften

Studiengang: Heilpädagogik

Semester: Wintersemester 2019/2020

Modul: Vertiefung und Anwendung ausgewählter Methoden der Sozialforschung

Eingereicht von: Julia Kießhauer

28. Februar 2020

Abstract

Der hier vorliegende Forschungsbericht mit dem Thema „Alltagsdiskriminierung von Studierenden mit Migrationshintergrund der Hochschule N." wurde im Seminar der „Vertiefung und Anwendung ausgewählter Methoden der Sozialforschung" im Wintersemester 2019/2020 angefertigt. Für die Erfassung der subjektiven Wahrnehmung von Diskriminierung in verschiedenen Alltagsbereichen bei Studierenden mit einem Migrationshintergrund an der Hochschule N. wurde eine quantitative Forschung durchgeführt, bei der ein Online-Fragebogen zu Erhebung genutzt wurde. Dieser lief vom 11. Januar bis zum 4. Februar 2020 und wurden von 120 Studierenden beantwortet. Nach der Auswertung konnte festgestellt werden, dass Studierende mit einem Migrationshintergrund in verschiedenen Lebensbereichen aufgrund ihrer Herkunft und ihrer Merkmale aufgrund ihrer Einschätzung unterschiedlich stark benachteiligt werden. Dieser Forschungsbericht wird im Folgenden drei dieser Lebensbereiche analysieren.

Inhalt

1. Theoretischer Bezug

Aus einem Endbericht des Deutschen Studentenwerks aus dem Jahr 2009 geht hervor, dass nach einer Sozialerhebung Schwierigkeiten bei „BildungsausländerInnen" während des Studiums festgestellt werden konnten. Die Befragten gaben an, dass sowohl Probleme in Bezug auf ihr Studium, als auch bei der Kommunikation und mit generellen Lebensbedingungen vorliegen. (vgl. Czock, et. al 2012, S. 25) Diesbezüglich wird sich der vorliegende Bericht mit der Alltagsdiskriminierung von Studierenden mit einem Migrationshintergrund auseinandersetzen und feststellen, wie die soziale Integration dieser Studierenden in den Lebensbereichen des Wohnens, bei der Arbeitssuche und im Verhalten aussieht. Auf weitere Aspekte, die in der Befragung einbezogen wurden, kann im Rahmen dieser Arbeit nur am Rande eingegangen werden, da dies dem Umfang des Berichtes übersteigt.

1.1. Theoretischer Bezugsrahmen und Hypothesen

Zu Beginn werden vorliegende Theorien dargestellt, die sich auf die Bereiche des Wohnens und des Arbeitens beziehen. Zuerst wird der Bereich des Wohnens betrachte, bei dem festgestellt wurde, dass Benachteiligungen bei Menschen mit Migrationshintergrund bei der Auswahl und Rückmeldung von Wohnungsgesuchen vorliegen. (vgl. Forsa 2014, S. 3) Außerdem konnte nachgewiesen werden, dass Diskriminierung aufgrund von ethnischer Herkunft und bei der Wohnungssuche „häufig" vorkommt. (vgl. Thüsing, Vianden 2020, S.5) Aus diesen Erkenntnissen wurde die Hypothese abgeleitet: „Wenn Studierende mit einem Migrationshintergrund eine Wohnung suchen, dann ist ihre Chance auf eine Zusage aufgrund von kulturellen Unterschieden niedriger."

Im Bereich der Arbeitssuche konnte durch die Antidiskriminierungsstelle des Bundes ermittelt werden, dass sich die Befragten stark benachteiligt gefühlt haben, als es um die Suche nach einer Arbeit ging. 10% von 76% der Personen mit Migrationshintergrund schätzen dabei ihre Benachteiligung als „sehr stark" oder „eher stark" ein. (vgl. Antidiskriminierungsstelle des Bundes 2012, S.12) Somit lässt sich die Hypothese formulieren: „Wenn Studierende mit Migrationshintergrund einer Nebentätigkeit nachgehen, dann werden sie aufgrund ihrer Herkunft ungleich behandelt."

Weiterhin liegen Studien und Befragungen zur subjektiven Diskriminierungserfahrung in Deutschland von Menschen mit Migrationshintergrund vor, welche sich aber nicht den hier präsentierten Ergebnissen vergleichen lassen, da die Fokusgruppe dabei nach anderen Kriterien gewählt wurde. In Bezug auf das Verhalten gegenüber Studierenden mit Migrationshintergrund wurde eine weitere Zusammenhangshypothese unabhängig bisheriger Forschungen entwickelt, die den Fokus auf Studierende legte. „Je unfreundlicher das subjektiv empfundene Verhalten den Studierenden mit Migrationshintergrund, desto seltener möchten sie nach dem Studium in Deutschland verbleiben."

1.2. Konkretisierung der Forschungsfrage

Zur Formulierung der Forschungsfrage folgen Begriffseingrenzungen, die die Bezeichnungen „Migration", „Migrationshintergrund" und „Diskriminierung" einordnen. Das soll dazu dienen, Verfasserin und LeserInnen ein einheitliches Verständnis dieser Begriffe zu ermöglichen. Welche Verständnisse den Begriffen zugrunde liegen, wird nun im Folgenden erläutert.

Als „Migration" soll hierbei der Wanderungsprozess von einzelnen Personen oder Personengruppen verstanden werden, die die eigenen Staatsgrenzen übersteigen. Menschen mit einem Migrationshintergrund sind also Menschen, die „zugewandert" sind oder auch Nachkommen von Personen, die in ein Land ausgewandert sind. (vgl. Krönner 2009, S. 9) Für das Verständnis der Arbeit ist zu beachten, dass auch bereits eingebürgerte MigrantInnen einen Migrationshintergrund und somit Migrationserfahrungen gemacht haben können.

Sowohl Äußerungen, als auch Handlungen die Menschen einer sozialen Gruppe absichtlich herabsetzen oder benachteiligen, werden als Diskriminierung definiert. Gründe hierfür können neben der ethnischen Herkunft, auch die Religion, Weltanschauung, Behinderung, Alter oder die sexuelle Ausrichtung sein. Aufgrund des Themas, der Alltagsdiskriminierung, soll an dieser Stelle erwähnt sein, dass Menschen aufgrund ihrer ethnischen Herkunft ausgewählt wurden, um diese Untersuchungen eingrenzen zu können. Inwiefern Weltanschauung, Behinderung, Alter oder sexuelle Ausrichtung einen Einfluss genommen haben, wurde nicht untersucht.

Aus den vorangestellten Theorien und Hypothesen sowie dem eben erläuterten Verständnis ergibt sich die folgende Forschungsfrage für diese Ausarbeitung: *Inwieweit erfahren Studierende der Hochschule N. mit Migrationshintergrund in ihrem alltäglichen Leben in N. Diskriminierung und in welchen Lebensbereichen findet diese statt?*

2. Methode

2.1. Untersuchungsdesign

Als Erhebungsmethode wurde eine Befragung mittels eines schriftlichen, standardisierten Online-Fragebogens gewählt. Dieser sollte einen Querschnitt der Empfindungen und Einschätzungen der Studierenden mit Migrationshintergrund der Hochschule N. erfassen. Diese Teilerhebung umfasste eine Zeitspanne von 25 Tagen.

Gewählt wurde diese Art des Fragebogens aufgrund seiner messbaren Ergebnisse. Hierbei ist gemeint, dass alle Angaben durch die Befragten messbar gemacht werden können und somit auch

besser zu vergleichen sind. Durch den Aspekt, dass die Umfrage online verbreitet wurde, war es möglich eine größere Stichprobe zu nehmen und so eine höhere Objektivität und Validität erreichen zu können. Dadurch ist es auch im Nachgang möglich die Daten in statistische Zusammenhänge mit den bereits bestehen Theorien und Hypothesen zu bringen.

Weiterhin spricht für die Methode, dass Ergebnisse aufgrund der Verfügbarkeit im Internet in einem geringeren Zeitaufwand erfasst werden und damit auch größere Datenmengen schneller verarbeitet werden können. Die quantitative Forschung hat dazu eine logische Deduktion, die ermöglicht von den Ergebnissen der Stichprobe auf eine statistische Allgemeinheit zu schließen und so Zusammenhänge besser erklären kann.

2.2. Beschreibung der Stichprobe

Aufgrund der zeitlichen Beschränkung des Sampling-Verfahrens konnten keine Vollerhebung aller Studierenden mit Migrationshintergrund an der Hochschule N. durchgeführt werden. Dafür wurde nur eine Stichprobe gewählt. Durch diese Stichprobe kann im Anschluss der Auswertung eine Generalisierung auf die Grundgesamtheit gezogen werden. Als Auswahlverfahren wurde hierfür eine einfache Zufall-Stichprobe gewählt, die als Merkmal de Migrationshintergrund einer Person voraussetzte. Dadurch wurden Studierende angesprochen, die Erfahrungen mit Migration und Diskriminierung gemacht haben, unabhängig von anderen Merkmalen wie ihrem Alter, dem Studiengang oder anderer Faktoren. Um dieses Kriterium zu generieren, hat bereits die erste Frage im Fragebogen Studierende mit und ohne Migrationshintergrund „sortiert". Für Studierende, die keinerlei Erfahrungen mit Migration und Ausgrenzung gemacht haben, wurde der Test bereits nach dieser Frage beendet, ohne Einfluss auf andere Fragen nehmen zu können. Ziel der Konstruktion war es eine möglichst heterogene, mit relevanten Merkmalen ausgestattete, Studienpopulation zu gewinnen. Diese deduktive Stichprobenziehung wählte nur Studierende mit Kenntnissen und Erfahrungen aus. Explizit wurden Menschen mit einem Migrationshintergrund gesucht, die Studierende, mindestens im ersten Semester, an der Hochschule N. waren. Da die Befragung auf Freiwilligkeit beruhte, beruhten auch die Erfahrungen in den verschiedenen Bereichen auf freiwilligen Angaben.

2.3. Erhebungsinstrument

Zur Erfassung von Daten zur Alltagsdiskriminierung von Studierenden mit Migrationshintergrund wurde an dieser Stelle eine standardisierte, schriftliche Befragung mittels eine Online-Fragebogens erstellt. Dieser wurde über die Website „SosciSurvey" angefertigt. Hierfür wurden 24 Fragebogenseiten angelegt, die jeweils mehrere Fragen enthielten. Der Fragebogen begann mit soziodemographischen Fragen, die Informationen zu Geschlecht, Studiengang und bisherige Studiendauer

stellten. Dann folgte der Hauptteil mit Filter- und Trichterfragen, in dem Fragen vom Typ Einfach-
und Mehrfachantworten gestellt wurden, als auch die Möglichkeit boten Antworten in Form eines
offenen Antwortfeldes geben zu können. Weiterhin boten Dropdown-Fragen, Bewertungsskalen,
Likert-Skalen und ein zweiseitiger Schieberegler die Möglichkeit zum Einschätzen verschiedener
Themen. Für eine individuelle Beantwortung der Fragen wurde ein Filtersystem genutzt, bei dem
die ProbandInnen nur dann auf weiterführende Fragen geleitet wurden, wenn sie bestätigten konnten, dass sie auch Erfahrungen in diesem Bereich hatten. So konnten irrelevante Fragen und Themen übersprungen werden. Zum Ende des Fragebogens schloss durch die oben benannte Schie-
beregler-Frage der Hauptteil der Befragung. Abschließend erfolgten eine kurze Verabschiedung und
ein Dank an die Teilnehmenden. Aufgrund einer zu erwartenden Sprachbarriere wurde der Fragenbogen zweisprachig (in Englisch und Deutsch) erstellt, um eine höhere Anzahl der Studierende der
Hochschule ansprechen zu können.

Da die hier präsentierte Umfrage später gestartet wurde, als die weiteren im Projekt integrierten,
betrug die Laufzeit 25 Tage und erhielt vor Neuerstellung nicht nochmal einen Pretest. Der zuvor
durchgeführte Pretest hat viele sprachliche Barrieren und Unstimmigkeiten klären können. Hierbei
konnten die, für beide Befragungen verwendeten Fragen, korrekt formuliert und sortiert und bei
Filterunstimmigkeiten korrigiert werden.

Während den Prozessen der Erstellung und Durchführung der Umfrage konnte erfasst werden, dass
der Fragebogen schnell und an alle relevanten TeilnehmerInnen übermittelt werden konnte. Die
Fragen waren jederzeit verfügbar. Bei der Konzeptualisierung der Fragen wurde ersichtlich, dass
diese exakt auf die Zielgruppe angepasst werden konnten, denn so konnten die Fragebogen-Seiten
auf unterschiedliche Weise gestaltet, konstruiert und angepasst werden. Im Vergleich zur Papier-
Variante fiel dabei die aufwendige Auswertung per Hand weg, da Softwares wie SPSS genutzt werden konnten, um die enthaltenen Daten auswerten zu können. Einher geht, dass die Fragebögen
nicht ausgedruckt werden mussten und Ressourcen gespart wurden. Der Autorin ist es klar, dass es
viele weitere positive Eigenschaften gibt, die ein Online-Umfragebogen mich sich bringen kann,
welche hier jedoch nicht genannt werden.

Ebenso eröffnete die Erhebung Nachteile, beispielsweise durch die Anonymität, die ein Online-Fragebogen mit sich bringt. Diesbezüglich müsste hinterfragt werden, wie ehrlich die Fragen beantwortet wurden. Infolge der permanenten Verfügbarkeit des Bogens ist auch zu bedenken, wie hoch
die Beeinflussung und Ablenkung der Befragten gewesen ist, sodass es zu Unaufmerksamkeit beim
Ausfüllen gekommen sein kann. Nicht nur Umweltfaktoren, sondern auch direkte Ablenkung auf
dem Bildschirm, wie Werbung oder eingehende Nachrichten können die Befragten beeinflusst

haben. Weiterhin kann die Übersetzung der Fragen und Aussagen ungünstige formuliert sein, so-dass Aussagen durch die Befragten unterschiedlich bewertet und aufgefasst worden sind und even-tuell nicht so gestellt wurden, wie sie beabsichtig gewesen wären. Weiterhin konnten Fragen über-sprungen werden, wodurch die GesamtteilnehmerInnenzahl von Frage zu Frage variiert, wodurch die Ergebnisse schwer vergleichbar sind und das Gesamtsystem beeinflussen.

2.4. Durchführung

Aufgrund von anfänglichen Schwierigkeiten mit der Rücklauf-Rate des Fragebogen-Teils im ersten Umfragebogen musste eine neue Umfrage erstellt werden. Nach Konzipierung des Fragebogens wurde eine E-Mail verfasst, die am 11.1.2020 mit dem Link der Umfrage zweisprachig über den E-Mail-Verteiler der Hochschule an alle Studierenden gesendet wurde. Zur Erinnerung wurden am 21. Januar, am 25. Januar und am 1. Februar neue Emails verfasst, die sich an die Studierenden richten sollten, die bisher noch nicht an der Umfrage teilgenommen hatten. Ziel war es mindestens 100 TeilnehmnerInnen zu befragen, um eine valide Summe von Antworten zur Verfügung zu haben. Dieses Ziel konnten aufgrund der drei Reminder übertroffen werden.

Zum ersten Umfragebogen wurden mehrere Pretests durchgeführt, die Verbesserungen im Bereich der Formulierung, Übersetzung und Kategorisierung bei Problemen mit den Trichterfragen und In-haltlichen Unstimmigkeiten präsentierten, die daraufhin geändert worden. Die korrigierten Fragen wurden exakt so aus dem ersten Umfragebogen übernommen. In Bezug auf die endgültige Um-frage, konnte aufgrund des laufenden Projekts nicht noch einmal ein Pretest durchgeführt werden, wodurch dieser intern in einer dreiköpfigen Gruppe absolviert wurde.

Durch die Website „SosciSurvey" wurde die Umfrage sowohl erstellt, als auch gestaltet und gemes-sen. Während der Dateneingabe wurden die Antworten der NutzerInnen elektronisch gespeichert. Diese Speicherung enthielt sowohl die Zählung als auch Messung der Daten und vergab Zeitstempel und Interviewnummern für eine weitere Auswertung.

2.5. Datenanalyse

Zur Auswertung der erfassten Daten, wurden diese über den SPSS-Syntax, in dieses Programm, her-untergeladen. Schon während der Erstellung der Fragen auf der Website wurden diesen jeweilige Variablennamen zugeordnet, die einen Kode-Plan erstellten. Dieser enthielt eine Liste aller verwen-deten Variablen und deren Antwortvorgaben. So erhielt jede Variable und dessen Merkmalsaus-prägung einen Wert. Automatisch wurde zeitgleich eine Datenmatrix für alle ausgefüllten Fragebö-gen angelegt, die schließlich in SPSS ausgegeben wurden. Jeder Befragte erhielt so eine Nummer,

die fortlaufend jeden Fragebogen nummeriert. Durch diese Nummerierung war es dann später möglich einzelne Befragte zu identifizieren.

Nach einspeisen der Daten in SPSS wurden diese von ungültigen Werten und Eingabefehlern bereinigt. Dafür wurden Variablen für eine eindeutigere Auswertung umcodiert. Dies fand beispielsweise bei der Herkunft der 25 vorgeschlagenen Länder in fünf Kontinente statt. Auch die Variable „Verhalten" wurde von der Skala 1-100 auf 5 Kategorien umcodiert. Mehrfachantworten-Sets wurden erstellt, um wie bei den Gründen für Job-, Wohnungsabsage und die Eintrittsverweigerung eine verbesserte Vergleichbarkeit herzustellen. Weiterhin wurden die Häufigkeiten der Variablen zu Herkunft, Geschlecht, Studiendauer, Studienaufenthalt, Nebentätigkeit, Wohnen und dem Verhalten angeschaut und festgestellt, ob darin Fehler, Unstimmigkeiten oder fehlende Werte vorlagen, die dann beseitigt wurden.

Folglich konnte die univariate Analyse beginnen. Hierbei wurden Häufigkeiten der benötigten Variablen ermittelt. Dabei handelte es sich um Variablen wie Geschlecht, Studiengang, Studiendauer, als auch Herkunft und Staatsbürgerschaft. Später folgten dann die Variablen zu den Themenbereichen wie Nebentätigkeit, Wohnen und zum Verhalten. Nachdem, alle für diese Arbeit wichtigen Variablen einzeln analysiert wurden, ging es darum einen Zusammenhangsanalyse zwischen mehreren Variablen zu erstellen, also eine bivariate Analyse der Daten. Hierbei sollten nun Kreuztabellen und Korrelationen angestellt werden um herauszufinden, ob diese Variablen in einer Verbindung stehen oder sich beeinflussen. Dies wurde bei diversen Variablen zur Nebentätigkeit, bei der Wohnungssuche und dem Verhalten getan. Durch den χ^2-Test konnte überprüft werden, ob es einen statistisch signifikanten Zusammenhang zwischen den beiden Variablen gab.

Um den Zusammenhang auf statistischer Ebene zu überprüfen konnten die Variablen „Herkunft" und „Nebentätigkeit VII" aufgrund derselben nominalen Intervallniveaus ins Verhältnis gesetzt werden. Der χ^2-Test ergab χ^2 (4) =3,194 und p=0,526. Somit deuten die Ergebnisse darauf hin, dass zwischen den Variablen kein statistisch signifikanter Zusammenhang besteht. Die Stärke zwischen den Variablen beträgt nach dem Kontingenzkoeffizienten 0,320 und ist damit positiv und hat einen schwachen Zusammenhang. Zwischen „Wohnung II" und „Herkunft" ermittelte der Chi-Quadrat-Test, dass χ^2 (8) = 7,219 und p=0,513 beträgt. Hierbei weisen die Ergebnisse daraufhin, dass wie beim vorherigen Test kein signifikanter Zusammenhang besteht. Zuletzt wurden die Variablen „Wohnort I" und „Verhalten" untersucht und es konnte festgestellt werden, dass χ^2 (8) = 11,182 und dem p-Wert p=0,192. Damit besteht erneut kein statistisch signifikanter Zusammenhang zwischen den Variablen. Abschließend wurden offene Antworten zusammengefasst.

An dieser Stelle gilt es zu erwähnen, dass die Umfrage weitaus mehr Variablen und Zusammen-hänge enthält, als die hier Ausgewählten. Aufgrund des Umfangs konnte nicht tiefgründiger darauf eingegangen werden.

3. Erhobene Daten

3.1. Stichprobenbeschreibung

Nach Bereinigen der erhobenen Daten stellt sich heraus, dass 266 Studierende der Hochschule auf den Fragebogen aufmerksam geworden sind und diesen angeklickt haben. Bereits nach der ersten Frage, ob die Teilnehmenden einen Migrationshintergrund haben, teilte sich die Anzahl der infrage kommenden TeilnehmerInnen zu 128 Personen. Anhand der kurzen Erläuterung: „Du hast einen Migrationshintergrund, wenn du selbst oder mindestens ein Elternteil die deutsche Staatsangehö-rigkeit nicht durch Geburt besitzt." sollten die Studierenden einschätzen, ob sie für die Umfrage geeignet waren. So sollte sichergestellt werden, dass nicht-geeignete Personen von der Umfrage ausgeschlossen wurden und die Ergebnisse weitgehend unverfälscht blieben. Die folgenden sozial-demographische Fragen ermittelt das Geschlecht der teilnehmenden Befragten, was sich wiederum in 43,8% weibliche, 50% männliche und 6,3% diverse TeilnehmerInnen zerlegte.

Außerdem konnten die Verteilung von 54% sozial- und wirtschaftswissenschaftlichen, 42,1% inge-nieurswissenschaftlichen StudienteilnehmerInnen und zusammengefasst 4%, aus Teilnehmenden des Studienkollegs und anderen Bereichen der Hochschule, ermittelt werden. Hierzu gilt es zu er-wähnen, dass aufgrund der Zusammenfassung von Sozialwissenschaften und Wirtschaftswissen-schaft in diesem Bereich die höchste Zahl zustande gekommen ist. Es zeigte sich, dass sich 47,7% der Befragten im ersten und zweiten Fachsemester, 13,3% im dritten und vierten Fachsemester, im fünften und sechsten Fachsemester 14,8% und 12,5% im siebten und achten sowie 11,7% im neun-ten oder höheren Fachsemestern befanden.

Von 128 Befragten gaben 40,6% an, dass sie für das Studium nach N. gekommen sind. 14,8% bestä-tigten, dass sie nicht nur für bzw. wegen des Studiums nach N. gekommen sind. Weitere 44,5% beantworteten die Frage mit „Ich habe vorher nicht im Ausland gelebt" und teilten dadurch mit, dass sie entweder woanders in Deutschland gelebt haben, nach N. gekommen sind oder, dass sie bereits in N. gelebt haben.

Daraufhin folgte die Frage, ob die TeilnehmerInnen die deutsche Staatsbürgerschaft von Geburt an besitzen, worauf 39,4% der Personen bejahend und 60,6% verneinend geantwortet haben. Die 60,6% der Befragten wurden daraufhin zu der nächsten Frage geleitet und sollte beantworten, was

Gründe dafür sein konnten, dass sie selbst keine deutsche Staatsbürgerschaft besitzen. Dabei stellte sich heraus, dass 82,9% der Befragten nicht in Deutschland geboren wurden und somit keine Staatsbürgerschaft besitzen oder mit 17,1% die Eltern der Teilnehmenden keine Staatsbürgerschaft besitzen. Alle Studierende, die nicht in Deutschland geboren wurden, sollten mit der nächsten Frage beantworten, aus welchem Land sie kommen. Hierbei ergab sich folgendes Bild: 70,5% der Befragten stammen aus dem asiatischen Raum, 11,5% ordnen sich dem afrikanischen Raum zu, 8,2% gaben an, dass sie aus Europa stammen und jeweils 4,9% stammen aus Amerika und dem ozeanischen Raum. Im Vergleich zu den Personen, die vorher schon in Deutschland gelebt haben wird ersichtlich, dass Personen aus dem asiatischen Raum die zweitgrößte Bevölkerungsgruppe in dieser Umfrage darstellen.

Anschließend wurde die Frage gestellt, ob die teilnehmenden Personen sich vorstellen können nach dem Studium in Deutschland zu bleiben, woraufhin die Mehrheit von 65,5% bejahend geantwortet hat. Ebenso sind sich noch 25% unsicher über ihren späteren Verbleib und 9,7% möchten nicht in Deutschland bleiben. Um den Verbleib in Deutschland oder das Verlassen zu begründen konnten die Befragten in einem offenen Fragefeld angeben, welche Gründe ihre Entscheidungen haben, dazu entwickelten sich folgende Kategorien: Lebensqualität, ihre Bildung, Kultur, Familie aber auch der Arbeitsmarkt und weitere Kategorien.

3.2. Ergebnisse der deskriptiven Analyse

Im folgenden Abschnitt werden nun die Lebensbereiche Nebentätigkeit, Wohnen und abschließend das Verhalten den Befragten gegenüber aufgeführt.

3.2.1. Nebentätigkeit

57,6% der Befragten gaben an, dass sie neben dem Studium einer Tätigkeit nachgehen. Die anderen TeilnehmerInnen sollten nennen, warum sie keinem Nebenjob neben dem Studium nachgehen. Mit der Frage wurde hinterfragt, ob Diskriminierung in diesem Bereich eine Rolle gespielt haben könnte. In den Ergebnissen wurde ersichtlich, dass die meisten Studierenden mit 25,7% nicht nach ihren Interessen entsprechende Arbeitsplätze gefunden haben. Als zweitstärkste Ausprägung stellte sich heraus, dass die Studierenden andere Gründe in ihrer „Arbeitslosigkeit" sahen. „Keine Lust" schienen 22,1% der Befragten zu haben. Für 17,9% bestand keine Notwendigkeit und bei lediglich 10% bestand nicht das zeitliche Budget einer Arbeit nachzugehen. In der Rubrik „Sonstige" antwortete eine Person, dass es für sie schwer sei als nicht-deutschsprechende Person sprachlich mithalten zu können. Ein weiterer Grund sei der hier herrschende Arbeitsmarkt, bei dem es „nur wenige Nebenjobangebote" gäbe.

Danach sollten die Befragten, die einer Tätigkeit nachgehen, mittels einer 5er-Skala den Schwierigkeitsgrad ihrer Tätigkeit einschätzen. 45,1% schätzten ihre Aufgaben als „sehr leicht" und „leicht" ein. Weitere 29,4% bezeichneten ihre Tätigkeit als eher „mäßig". Hingegen 25,5% benannten ihre Tätigkeit als „schwer" und „sehr schwer". Daraus geht hervor, dass der größte Anteil, der in der Frage antwortenden TeilnehmerInnen, einer „leichteren" Arbeit nachgehen.

Eine Absage bei einer Jobbewerbung haben laut Antworten der Befragten schon einmal 88% erhalten. Dabei wurden unterschiedliche Begründungen angegeben. Hieraus ergab sich, dass die TeilnehmerInnen am häufigsten mit 16,6% ankreuzten, dass das Alter, nicht dem gewünschten der ArbeitgeberInnen entsprochen habe. Danach folgten die kulturellen Unterschiede mit 13,6% und die drittstärkste Antwort war die Unterqualifikation der Studierenden bei der Arbeit mit 13,3%. Lediglich 10,9% haben bei der Absage auf einen Job keine Gründe genannt bekommen.

Eine weitere Frage ermittelte die subjektive Einschätzung der Teilnehmenden, ob diese sich in ihrer Tätigkeit aufgrund ihres Migrationshintergrundes benachteiligt gefühlt haben. Hierbei verteilte sich die Bewertung auf 22,4%, die diese Frage positiv bewerteten. 28,6% waren sich bei der Beantwortung dieser Frage oder ihrer Einschätzung einer Benachteiligung unsicher. Die verbleibenden 49% und damit der höchste Anteil der befragten Personen bei dieser Frage gab an, dass er sich nicht bei seiner Tätigkeit benachteiligt fühlt.

Darauf aufbauend wurden die Teilnehmenden befragt, ob sie sich von ihrem Vorgesetzten schon einmal ungleich behandelt gefühlt haben. Hierbei ging aus den erhobenen Daten hervor, dass 63,8% der Befragten diese Frage mit „Nein" beantworten konnten. Lediglich 36,2% der befragten klickten dabei auf „Ja" und gaben an, dass sie sich auf ihrer Arbeit schon einmal ungleich behandelt gefühlt haben. In Bezug auf den Umgang mit den KollegInnen zielte die folgende Frage darauf ab, wie die Studierenden das Verhalten ihrer KollegInnen ihnen gegenüber einschätzen würden. Dabei ergab sich, wie in Abb. 3 zu sehen, dass 40,4% der Befragten ihr Verhältnis zu ihren KollegInnen als sehr gut einschätzen. Weiterhin bewerteten weitere 29,8% das Verhalten ihrer KollegInnen ihnen gegenüber als „gut". Zusammengefasst haben also über 70% ihr Arbeitsverhältnis zu ihren Kollegen als positiv eingeschätzt. Hingegen 14,9% empfinden den Umgang als „ok" und insgesamt weitere 14,9% würden den Umgang bei ihrer Nebentätigkeit als „schlecht" oder „sehr schlecht" bewerten.

Ferner wurde ermittelt, dass 44,7% der Befragten trotz gleicher Qualifikationen zu KollegInnen, ihre Arbeit unter ihrem Bildungsniveau absolvierten. 55,3% konnten dieser Aussage widersprechen.

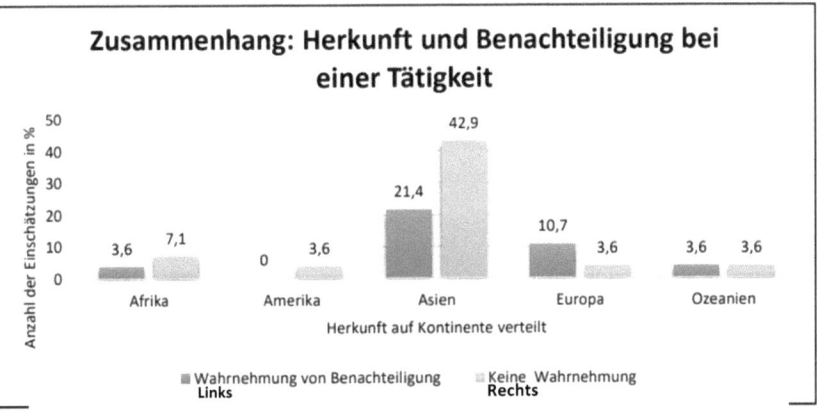

Abbildung 1: Benachteiligung bei einer Nebentätigkeit

Wie in Abb. 1 zu sehen ist, wurden die Herkunft der Befragten und deren Einschätzung in Bezug auf ihre subjektive Wahrnehmung von Benachteiligung durch ihren Chef am Arbeitsplatz in einen Zusammenhang gebracht. Dabei ist zu sehen, dass 42,9% der Befragten einen asiatischen Hintergrund haben, nicht benachteiligt werden. 21,4% gaben an, dass sie schon einmal Benachteiligung am Arbeitsplatz erlebten.

Hierbei konnte festgestellt werden, dass Ungleichbehandlungen bei Studierenden mit Migrationshintergrund im Arbeitsverhältnis sowohl zu den Vorgesetzten als auch zu den KollegInnen existieren. Aus den Zahlen geht hervor, dass diese Benachteiligung selten passiert und nur von einige Befragten festgestellt werden konnte. Somit kann die anfangs gestellte Hypothese, dass Studierende mit einem Migrationshintergrund bei einer Nebentätigkeit aufgrund ihrer Herkunft ungleich behandelt werden teilweise bestätigt werden, da es zu Ungleichbehandlung im Arbeitsverhältnis kam. Dies jedoch nicht zwangsläufig auf die Herkunft zurückzuführen ist. Inwiefern ein asiatischer Hintergrund bei der Arbeitssuche beeinflusst hat, konnte hiermit nicht festgestellt werden.

3.2.2. Wohnen

Auf den Aspekt der Nebentätigkeit folgt nun die Auseinandersetzung mit dem Aspekt des Wohnens in N.. Hierfür wurden im Fragebogen zwei Fragen gestellt, mit denen sich die Auswertung im nächsten Abschnitt beschäftigt.

Zu Beginn des Themenfeldes wurden die Studierenden mit Migrationshintergrund gefragt, ob sie schon einmal eine Wohnung gesucht haben. Hierbei antworteten 87,8%, dass sie schon einmal nach einer Wohnung gesucht haben. Aufgrund ihrer vorherigen Antworten wurden sie befragt, ob und

wie oft sie eine Absage erhalten haben. Über die Hälfte der Befragten (53,8%) hat bisher keine
Wohnungsabsage erhalten, 21,5% wurden schon einmal abgelehnt und 24,6% der Befragten erhiel-
ten schon zwei- oder mehr als zweimal eine Absage. Die andere Hälfte von zusammengefasst 46,1%
wurde auf die Frage verwiesen, die die Gründe der Absagen ermitteln sollte. Dabei stellte sich heraus, dass jeweils 30,2% der Befragten aufgrund von kulturellen Unterschieden und anderweitigen
Gründen abgelehnt worden sind. Weiteren 31,4% der Befragten gaben an, dass sie aufgrund ihrer
Sprachbarrieren abgelehnt worden sind. Lediglich 8,1% bekamen die Antwort, dass bereits andere
Mieter für die gewünschte Wohnung ausgewählt worden sind. Bei der Frage bestand die Möglichkeit auf eine offene Antworteingabe, bei der den Studierenden Absagen aufgrund weiterer Begründungen, wie unsichere finanzielle Situation oder die Nationalität gegeben wurden.

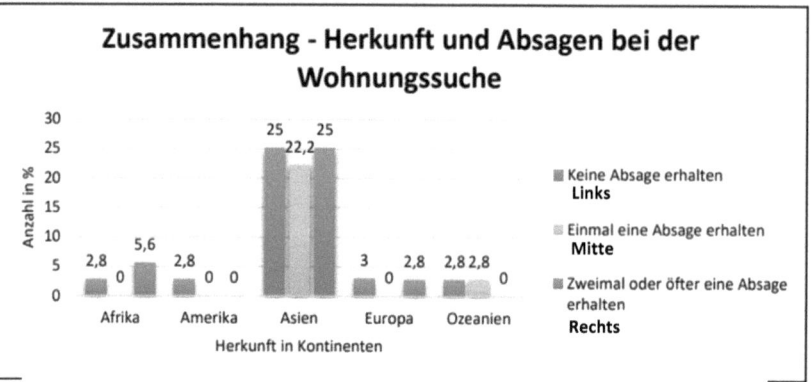

Abbildung 2: Absage bei einer Wohnungssuche

Den in der Abb. 2 dargestellten Ergebnissen kann entnommen werden, dass vordergründig Studierenden mit einem asiatischen Hintergrund auf die Frage geantwortet haben, ob und wie oft sie bei
der Wohnungssuche eine Absage erhalten haben. Hierzu lässt sich sagen, dass ebenso viele Studierende, die noch keine Absage erhalten haben (25% der Befragten), ebenso viele waren, wie die, die
schon mehr als zwei Absagen erhalten haben. Die Zahl der Antworten in dieser Frage verdeutlichen,
dass nicht eingeschätzt werden kann, ob aufgrund von kulturellen Unterschieden eine niedrigere
Chance auf eine Wohnungszusage in N. besteht. Dafür wurde die Frage zu einseitig von den Studierenden beantwortet. Diesbezüglich kann die Hypothese: „Wenn Studierende mit einem Migrationshintergrund eine Wohnung suchen, dann ist ihre Chance auf eine Zusage aufgrund von kulturellen
Unterschieden niedriger." weder bestätigt, noch widerlegt werden.

3.2.3. Verhalten gegenüber Studierenden mit Migrationshintergrund

Im letzten Teil der Ergebnispräsentation fasst der Text die Ergebnisse der Frage zusammen, wie die Befragten das Verhalten ihnen gegenüber von deutschen MitbürgerInnen in N. einschätzen würden. Daraus resultierte, dass 41,9% der Befragten das Verhalten ihnen gegenüber als unfreundlich und 18,6% als „eher unfreundlich" einschätzen. 4,7% der Personen bewerteten das Verhalten als „neutral". Als „eher freundlich" schätzten 18,6% der Befragten das Verhalten der MitbürgerInnen ein und lediglich 16,3% bewerteten das Verhalten als „freundlich".

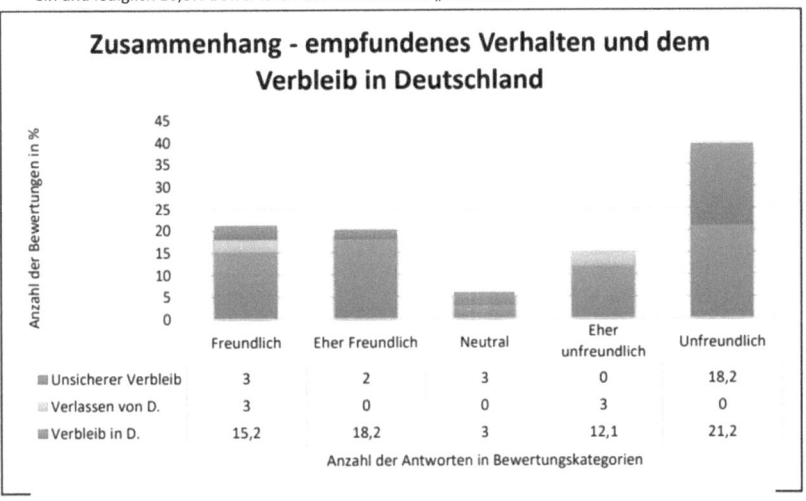

Zusammenhang - empfundenes Verhalten und dem Verbleib in Deutschland

	Freundlich	Eher Freundlich	Neutral	Eher unfreundlich	Unfreundlich
Unsicherer Verbleib	3	2	3	0	18,2
Verlassen von D.	3	0	0	3	0
Verbleib in D.	15,2	18,2	3	12,1	21,2

Anzahl der Antworten in Bewertungskategorien

Abbildung 3: Verbleib in Deutschland

Die Studierenden mit Migrationshintergrund schätzen das Verhalten der MitbürgerInnen in N. unterschiedlich ein, das kann Abb.3 entnommen werden. Hierbei zeigt sich, dass sich Studierende, die das Verhalten der MitbürgerInnen in N. als „Freundlich" eingeschätzt haben, 15,2% vorstellen können nach dem Studium im Deutschland zu bleiben. Dahingegen schätzen 39,4% der Befragten das Verhalten als „Unfreundlich" ein, wodurch sich 18,2% der Befragten unsicher sind, ob sie in Deutschland bleiben möchten. Jedoch können sich „21,2%" „trotz" des unfreundlich eingeschätzten Verhaltens vorstellen in Deutschland zu leben.

Dadurch lässt sich widerlegen, dass das Verhalten maßgeblich dafür verantwortlich ist, wie Studierende über ihren Verbleib nach dem Studium entscheiden.

12

3.2.4. Zusammenfassung der Ergebnisse

In dieser Arbeit konnte nachgewiesen werden, dass im Bereich der Nebentätigkeit bei Studierenden mit Migrationshintergrund eine ungleiche Behandlung durch die ArbeitgeberInnen aufgrund der Herkunft vorliegt. Widerlegt wurde, dass das Verhalten der BürgerInnen in N. maßgeblich verantwortlich für den Verbleib nach dem Studium verantwortlich ist.

Im Bereich des Wohnens konnte weder bestätigt, noch widerlegt werden, ob Studierende mit einem Migrationshintergrund aufgrund ihrer Herkunft seltener oder häufiger eine Absage erhalten. Diesbezüglich lässt sich aus den Untersuchungen das Ergebnis ziehen, dass die Forschungsfrage insofern beantwortet werden kann, dass Studierende in den Bereichen des Arbeitens neben dem Studium, bei der Wohnungssuche und im Umgang mit BürgerInnen in N. Ungleichbehandlungen erfahren. Studierende haben durch den Fragenbogen reflektiert, dass sie grundsätzlich nach dem Studium in Deutschland bleiben würden.

Es sei darauf hingewiesen, dass weitere Daten und Erhebungen innerhalb der Umfrage vorliegen, die innerhalb dieses Forschungsberichts nicht ausgewertet werden konnten. Deswegen wurde sich lediglich auf die drei zuvor präsentierten Bereiche festgelegt.

4. Diskussion

4.1. Interpretation der Ergebnisse

Aus den Ergebnissen des Forschungsbogens ging hervor, dass viele der befragten Personen in niedrigeren Semestern an der Hochschule studieren. Dadurch sollte reflektiert werden, inwiefern diese Studierenden bisher die Erfahrung von Diskriminierung machen konnten. Der zeitliche Aspekt spielt dabei eine große Rolle und verdeutlicht, dass damit eventuell noch nicht „genügend" Erfahrungen gesammelt werden konnten, um eine umfassende Bewertung diesbezüglich abgeben zu können.

Im Bereich des Arbeitens neben dem Studium ist erkenntlich geworden, dass vergessen wurde die TeilnehmerInnen zu befragen, welchen Tätigkeiten sie nachgehen, da auch die Art und Weise des Arbeitens einen maßgeblichen Einfluss auf die Tätigkeit und die Wahrnehmung nimmt. So gibt es gravierenden Unterschiede in der handwerklichen Arbeit im Gegensatz zu theoretischen Bereichen.

Weiterhin konnte festgestellt werden, dass auch andere Faktoren, als das Verhalten der Bevölkerung in N., für die Entscheidungen der Studierenden ihre Zukunft in oder außerhalb Deutschlands zu gestalten, einen Einfluss genommen haben. Das Verhalten war dabei nur ein Aspekt, auf den in dieser Arbeit eingegangen wurde. Aus den offenen Fragen ergaben sich dabei weitere Gründe wie

die Entscheidung über Lebensqualität, Möglichkeiten und dem Arbeitsmarkt, die auch eine Rolle bei der Wahl des zukünftigen Lebensortes spielten.

Alle Einschätzungen, die in dem Fragebogen vorgenommen wurden, müssen auf der Ebene des subjektiven Empfindens betrachtet werden. Hierzu ist es notwendig festzustellen, dass die sowohl in den vorgestellten Theorien, als auch in dieser Arbeit angeführten Ansichten immer individuell und einseitig gegeben wurden. Das heißt, es lag lediglich eine einseitige Einschätzung zu Diskriminierung in den Lebensbereichen vor. Hierzu kommt, dass nicht alle Studierenden der Hochschule N. mit einem Migrationshintergrund an der Umfrage teilgenommen haben und somit keine Vollerhebung sowie eine bessere Abdeckung aller bestehenden Nationen und Erfahrungen eingeholt werden konnten, um einen umfassenden Überblick schaffen zu können.

Daraus lässt sich für den derzeitigen Forschungsstand ableiten, dass die hier vorgestellte Teilerhebung einen ersten Einblick in die Erfahrungen der Studierenden an der Hochschule gegeben hat. Zukünftige wäre eine vollständige Auswertung der Ergebnisse möglich um die Forschungsfragen in allen Bereichen beantworten zu können und weitere Ergebnisse im Raum N. zu erheben.

4.2. Reflexion des Instruments und der Durchführung

In diesem letzten Abschnitt werden die drei Gütekriterien genutzt, um zu verdeutlichen, ob die oben dargestellten Ergebnisse für die Wissenschaft geeignet wären und somit verlässliche Erkenntnisse liefern können. Bei der Objektivität wurde ersichtlich, dass viele Fragen als Suggestivfragen formuliert wurden, die die Befragten im Hinblick auf ihr Denken beeinflusst haben. Auch bei der Konzeptualisierung des Fragebogens sind Vorurteile und vorherige Erfahrungen mit dem Thema bei der Formulierung eingeflossen. Eine Definition zu wichtigen Begriffen hätten zwischen Forschenden und Teilnehmenden einen einheitlichen Konsens erzeugt. So hätten die eigenen Interpretationen durch die Befragten weniger stark einen Einfluss auf die Antworten genommen.

Die Verlässlichkeit der Daten, also die Reliabilität, wäre nur dann gegeben, wenn die Messergebnisse der Erhebung genauso replizierbar wären, wie sie in diesem Bericht erstattet wurden. Dies kann wiederum dadurch beeinflusst worden sein, dass die Teilnehmenden zu unterschiedlichen Zeiten und Situationen, die Umfrage beantwortet haben. Dadurch, dass dies bei einem Online-Fragebogen nicht beeinflussbar ist, sind die hier erhobenen Ergebnisse nicht konsistent, denn sie sind nicht im gleichen Rahmen reproduzierbar. (vgl. Raithel 2006, S. 43f.)

Ziel der Arbeit war es außerdem valide Ergebnisse zu erheben. Dabei hätten die Formulierungen der Fragen in der Konzeptualisierung sensibler und präziser formuliert werden müssen, um exaktere Informationen von den teilnehmenden Personen erhalten zu können. Denn Validität ist die

Gültigkeit einer Forschung. Durch falsche Formulierung der Fragen kann es erschwert werden glaubwürdige Antworten zu ermitteln. Durch die gewählten Formulierungen der Übersetzungen kann es zu einer Mehrdeutigkeit gekommen sein. Außerdem leiteten einige Filter zu den falschen Fragen, wodurch die Teilnehmenden zu unpassenden Beantwortungen „gezwungen" wurden.

Abschließend lässt sich sagen, dass viele Faktoren Einfluss auf die Objektivität, Reliabilität und die Validität der Daten genommen haben. An diesem Punkt und in diesem Umfang kann noch nicht eingeschätzt werden, in welchem Maß diese drei Gütekriterien erfüllt worden sind. Hierfür bedarf es einer tiefergreifenden Analyse und Auswertung.

Abbildungsverzeichnis

Literaturverzeichnis

Antidiskriminierungsstelle des Bundes (Hg.) (2012): Benachteiligungserfahrungen von Personen mit und ohne Migrationshintergrund im Ost-West-Vergleich. Expertise für die Antidiskriminierungsstelle des Bundes. Unter Mitarbeit von Dr. Anne--Kathrin Will. Online verfügbar unter https://www.antidiskriminierungsstelle.de/SharedDocs/Downloads/DE/publikationen/Expertisen/Expertise_Benachteilig_Migrant_innen_Ost_West_Vergleich.pdf?__blob=publicationFile&v=4.

Antidiskriminierungsstelle des Bundes (Hg.) (2020): Rassistische Diskriminierung auf dem Wohnungsmarkt. Ergebnisse einer repräsentativen Umfrage. Online verfügbar unter https://www.antidiskriminierungsstelle.de/SharedDocs/Downloads/DE/publikationen/Umfragen/Umfrage_Rass_Diskr_auf_dem_Wohnungsmarkt.pdf?__blob=publicationFile&v=6, zuletzt geprüft am 28.02.2020.

Dr. Heidrun Czock, Susanne Heinzelmann, Dominik Donges (2012): Diskriminierungsfreie Hochschule – Mit Vielfalt Wissen schaffen. Projekt der Prognos AG, im Auftrag der Antidiskriminierungsstelle des Bundes Erster Projektbericht, 2010/2011. Hg. v. Antidiskriminierungsstelle des Bundes. Berlin. Online verfügbar unter https://www.antidiskriminierungsstelle.de/SharedDocs/Downloads/DE/publikationen/Diskriminierungsfreie_Hochschule/Diskriminierungsfreie_Hochschule_ErsterBericht_20110715.pdf?__blob=publicationFile&v=2, zuletzt geprüft am 28.02.2020.

Krönner, Helena Cunha (2009): Fachkräfte mit Migrationshintergrund in der Sozialen Arbeit. Grenzen und Chancen von zugewanderten SozialarbeiterInnen in Deutschland: Diplomica Verlag.

Forsa, Gesellschaft für Sozialforschung und statistische Analysen mbH (2014): Meinungen zur Diskriminierung von Menschen aufgrund der ethnischen Herkunft, Antidiskriminierungsstelle des Bundes, zuletzt geprüft am 28.02.2020.

Raithel, Jürgen (2006): Quantitative Forschung. Ein Praxiskurs. 1. Aufl. Wiesbaden: VS Verlag für Sozialwissenschaften/GWV Fachverlage GmbH Wiesbaden.